L 27
Ln 1 233
A

I0167089

ÉLOGE

DE M. A. DE NOÉ,

ANCIEN ÉVÊQUE DE LESCAR,

MORT ÉVÊQUE DE TROYES,

ET DÉSIGNÉ CARDINAL.

ÉLOGE

DE M. A. DE NOÉ,

ANCIEN ÉVÊQUE DE LESCAR,

MORT ÉVÊQUE DE TROYES,

ET DÉSIGNÉ CARDINAL;

Ouvrage qui a été couronné par le Musée de l'Yonne et la Société académique de l'Aube réunis.

PAR J. CH. J. LUCE DE LANCIVAL,

Professeur de Belles-Lettres au Lycée impérial, Membre de l'Athénée des Arts, de celui des Étrangers, etc., ci-devant Professeur de Belles-Lettres dans l'Université de Paris.

AVEC CETTE ÉPIGRAPHE:

Pectus est quod facit disertos.
QUINTIL.....

Prix, ~~~~~~ cent., et 1 fr. 60 cent. par la poste.

PARIS,

DE L'IMPRIMERIE DE GILLÉ.

Se vend chez LE NORMANT, imprimeur-libraire, rue des Prêtres St.-Germain-l'Auxerrois, N.° 42, vis-à-vis l'église.

AN XIII. — 1805.

ÉLOGE

DE M. A. DE NOÉ,

ANCIEN ÉVÊQUE DE LESCAR,

MORT ÉVÊQUE DE TROYES.

IL est tel hommage qui, seul, vaut le plus brillant panégyrique, parce qu'il est le cri du cœur, parce qu'un enthousiasme unanime a dû l'inspirer, parce que l'envie elle-même est contrainte d'avouer que la vérité seule a pu l'offrir, que le mérite seul a pu l'obtenir. Si l'on vous dit, par exemple, que, transplanté par la Providence dans des contrées où son nom seul jusqu'alors était parvenu, chargé par un gouvernement réparateur d'y rallumer le flambeau de la religion et d'y éteindre

celui de la discorde, un Prélat plus que
septuagénaire a su conquérir l'estime et
l'amour des peuples confiés à sa sagesse,
au point de mériter que les regrets univer-
sels dont sa mort a été suivie fussent consacrés par un éloge public , vous vous
écrierez, quelqu'avares que vous soyez de
votre admiration : Ce prélat eut de grandes
vertus : et si l'on ajoutait que son éloge a été
proposé par les deux premières Sociétés sa-
vantes de son diocèse, comme un sujet digne
d'enflammer l'émulation et d'exercer la plume
de nos meilleurs orateurs, vous ajouteriez à
votre tour : Ce prélat eut de grands talens.

Voilà l'hommage qu'a obtenu et mérité
M. A. de Noé, ci-devant évêque de Lescar,
mort évêque de Troyes, au moment où il
allait être nommé cardinal (a).

Que la reconnaissance des peuples du Béarn,
dont il a été plus de trente ans le modèle et
le père, eût de la sorte honoré sa mémoire,
je ne verrais là que le glorieux acquit d'une

(a) Il en reçut, le jour même de sa mort, la nouvelle officielle.

dette bien légitime ; mais que les Fidèles de l'Aube et de l'Yonne, qui l'ont possédé si peu, qui n'ont fait, pour ainsi dire, qu'entrevoir sa belle ame, aient su l'apprécier assez pour regarder sa perte comme une calamité publique ; que devinant, par le bien qu'il leur a fait, tout celui qu'il voulait leur faire, ils se soient crus obligés de provoquer, par une concurrence honorable, tous les efforts du génie, et d'appeler même le talent étranger au secours de leur reconnaissance, voilà ce qui aurait droit d'étonner quiconque n'aurait pas été à portée de juger combien l'évêque de Troyes était digne, et par ses vertus et par ses lumières, de l'honneur singulier que l'on rend à sa cendre ; et voilà ce qui laisse bien peu de choses à dire à son panégyriste. Le discours le plus pompeux honorera moins la mémoire de l'évêque de Troyes que la médaille promise à celui qui saura le louer dignement ; le Musée de l'Yonne et la Société Académique de l'Aube ont fait son éloge en le proposant.

J'essayerai cependant, non dans le dessein ambitieux de disputer une palme littéraire, mais pour le seul plaisir de raconter ce que

j'ai vu, j'essayerai de développer tout ce que
renferme implicitement l'hommage rendu à
l'évêque de Troyes par les deux Sociétés sa-
vantes de l'Yonne et de l'Aube. Cet hommage
annonce de grandes vertus et de grands talens ;
tel sera le sujet, telle pourrait même être la di-
vision de mon discours ; mais pourquoi diviser
ce que la nature avait uni? Dans la vie de
M. A. de Noé, un grand talent se montre
toujours à côté d'une grande vertu ; un bel
ouvrage accompagne presque toujours une
belle action ; il suffirait donc d'écrire tout
simplement la vie de M. A. de Noé. Toute-
fois, comme la Providence, en l'enveloppant
dans la mémorable catastrophe qui a dispersé
les premiers pasteurs de l'église de France,
semble avoir partagé sa vie en deux époques
bien distinctes, on pourra, sans déranger
l'ordre des tems, l'admirer sous un double
rapport ; après l'avoir vu, modeste dans la
prospérité, effacer l'éclat de ses titres par
l'éclat de ses vertus, on le verra, grand dans
l'adversité, échanger ses titres pour des vertus
nouvelles, et trouver, dans le malheur même,
le moyen de faire encore des heureux.

DANS le tems qu'un beau nom était un patrimoine en France, quand la naissance était un titre, et que, même dans la chaire de vérité, on louait un grand homme d'avoir eu des aïeux, le panégyriste de M. A. de Noé n'aurait pas manqué de dire qu'il était issu d'une des plus anciennes maisons de Gascogne (*a*); il aurait cité l'illustre famille de Montaut-Navailles (*b*), sortie de cette noble tige, et plusieurs alliances avec des maisons souveraines; il aurait rappelé les nombreux exploits de ses ancêtres, les services récents de ses frères successivement colonels - propriétaires du régiment de leur nom; il aurait compté avec emphase quatre Noé parvenus en même tems au premier grade de l'honneur militaire, tandis que lui-même honorait par ses vertus l'éminente dignité de prince de l'église. Mais le mérite personnel du prélat que je célèbre m'aurait dispensé, dans tous les

---

(*a*) Il était né au village de la Grimenaudière, près la Rochelle.

(*b*) Le maréchal de Navailles a été le dernier rejeton de cette famille.

tems, de l'environner d'un éclat étranger, et
je regrette d'autant moins de ne pouvoir pas
parler de ses ancêtres, que, succombant déjà
sous le poids de son éloge, il y aurait plus
que de la témérité à vouloir y mêler celui de
tous ceux qui ont illustré son nom.

Un avantage plus réel, qui accompagnait
autrefois le privilège de la naissance, c'est
celui d'une éducation brillante; mais, sous ce
rapport même, je ne louerai pas M. A. de Noé;
je sais qu'il en eût préféré une plus commune,
parce qu'elle aurait été plus solide. Comme
son nom semblait suffire à son avancement,
on lui fit parcourir très-rapidement le cercle
des connaissances humaines. Son esprit avide
d'apprendre, eut bientôt tout effleuré; mais il
avait plus que de l'esprit : le germe d'un talent
supérieur fermentait dans son jeune cerveau,
et implorait, pour éclore, une main habile.

Le vœu de sa famille était de le voir évêque;
le sien était d'être un Chrysostôme. Pour en
avoir les vertus, il lui suffisait de s'abandonner à son heureux naturel; mais il voulait en
avoir aussi les talens, et il sentait que, pour
y parvenir, il fallait du tems, du travail et

d'autres études que celles qu'il avait faites en Gascogne ; il sentait qu'il fallait sur-tout connaître à fond les langues grecque et latine.

Jaloux de puiser à la meilleure source le lait nourricier de la saine antiquité , il vint le chercher au sein de l'Université de Paris , et dans cette école, justement célèbre et plus justement regrettée , il voulut encore choisir les maîtres les plus renommés. *Le Beau* y florissait : M. A. de Noé , qui avait alors près de vingt-cinq ans , n'hésita pas à refaire sa rhétorique sous cet illustre professeur. Il était beau de voir , à Paris , dans ce vaste rendez-vous de tous les plaisirs , dans ce séjour enchanté , où tant d'attraits appellent les regards , où la séduction , sous mille formes , sourit à l'imprudente jeunesse , où l'on ne marche qu'entouré de prestiges et de piéges , il était beau de voir un jeune-homme , entièrement maître de ses actions , avec une figure qui lui eût gagné tous les cœurs, avec un nom qui lui eût ouvert toutes les portes , faire ses uniques délices d'occupations sérieuses, d'études dont il sentait l'utilité , mais dont il ne pouvait encore goûter le charme , se mêler modestement parmi les plus humbles nourrissons des Muses , et ne se distinguer d'eux que par son application et ses progrès. Notre futur Chrysostôme ne rougissait pas d'être encore écolier à un âge où tant d'autres se parent du titre fastueux d'auteur et rêvent déjà leur immortalité. Comme il ne voulait pas que la sienne fût un rêve, il s'efforçait de lui donner une base solide. C'est à l'école des Anciens qu'il puisait à la fois les principes éternels du bon goût et ceux d'une sage philosophie. Il semblait pressentir qu'il leur devrait un jour ses plus vives jouissances, ses plus beaux triomphes , ses plus douces consolations. Le Supérieur du séminaire où il étudiait, le trouvant un jour occupé de la lecture de Sénèque ; *M. de Noé , lui dit-il , celui-là ne vous conduira pas à un évêché. Non , répondit M. de Noé, *mais il me consolera de n'y être point parvenu.* C'est surtout à l'étude du grec qu'il se livrait avec passion ; il analysa tous les principes, toutes les beautés de cette langue admirable ; il en décomposa le mécanisme jusque dans ses moindres détails , il se pénétra de la substance de ses chefs-d'œuvre, et tour-à-tour essayant le pinceau d'Isocrate et la foudre de Démosthènes, il parvint à rivaliser de grâce et d'énergie avec ces modèles antiques.

Le résultat de cette étude approfondie fut pour lui la conviction que notre langue, dont la perfectibilité semblerait avoir été épuisée par le beau siècle de Louis-le-Grand, n'est point encore tout ce qu'elle pourrait devenir par un commerce plus intime avec les Anciens. Tout en convenant que le génie qui crée les langues a le droit de les perfectionner, et que quelques écrivains privilégiés, tels que Bossuet, Pascal, La Fontaine et madame de Sévigné, peuvent servir de modèles, sans avoir imité personne, M. de Noé pensait qu'il nous restait encore des conquêtes à faire sur la Grèce et sur Rome, et que, de ces terres classiques du goût, pouvaient encore être transplantées avec succès parmi nous des fleurs dont nous aurions tort de dédaigner la connaissance ou de négliger la culture ; en un mot, il regardait notre langue comme une riche héritière qui n'a point recueilli toute sa succession.

On ne peut nier, en effet, qu'égalant les

Anciens par le goût, l'esprit et l'imagination,
nos plus parfaits écrivains ne leur cèdent la
palme de l'élocution. Ils les suivent, souvent
de bien près, et quelquefois les passent; ils
ont d'heureux élans, mais après ces élans, ils
se reposent, et les Anciens marchent toujours.
Pour ne parler ici que des Orateurs, puisque
c'est un orateur que je célèbre, Bossuet a le
génie du style, dont on peut dire que Fléchier
possède l'art; mais le premier, qui ne craint
aucune comparaison, quand il prend un vol
franc, ne soutient ce vol que dans les hautes
régions du sublime; il plane alors à côté, et
peut-être au-dessus de Démosthènes; mais il
se trouve, pour ainsi dire, à l'étroit dans les
régions moyennes du style tempéré; il n'a
point, ou il dédaigne l'art de cacher la fai-
blesse de la pensée sous les fleurs de l'expression; il néglige d'orner ce qu'il ne peut
plus aggrandir; il ne sait point descendre,
il tombe.... c'est l'aigle dominateur des airs
qui ne peut planer qu'au-dessus de la foudre.
Le second au contraire (l'éloge de Turenne
excepté) semble craindre de s'élever; abu-
sant de son art, il étouffe la pensée sous le

poids des ornemens, il use l'expression à force
de la polir, il a plus d'éclat que de mouvement, il prodigue les fleurs, et, si je ne crai-
gnais de tomber moi-même dans le défaut que
je lui reproche, je dirais que c'est un cygne
mélodieux qui se plaît et se joue sur les bords
émaillés d'une onde pure et toujours calme.
Massillon, plus brillant encore, plus fleuri,
plus magnifique, est aussi plus fécond, plus
sage, plus substantiel que Fléchier ; mais,
outre qu'on pourrait lui reprocher d'être quelquefois plus académicien qu'apôtre, on sent
qu'un peu de précision ne gâterait rien à son
style, et l'on s'étonne de ne pas trouver, même
dans le Racine de la chaire, cette perfection
désespérante que l'on est forcé de reconnaître
dans les orateurs de la Grèce et de Rome.
J.-J. Rousseau, par l'extrême souplesse et
par l'inépuisable variété de sa diction, est
peut-être celui qui en approche le plus, sur-
tout quand il disserte ; sauf l'erreur des principes, on ne peut être plus éloquent dialecti-
cien : mais j'ose dire qu'il n'offre point encore,
dans un égal degré, ces beautés mâles et franches, cette magie soutenue et entraînante qui

caractérise l'éloquence antique ; tous ces écrivains, quoique supérieurs, sont loin encore
d'égaler cet intraduisible Cicéron.

C'est la faute de notre langue, dira-t-on :
sans doute elle n'a point la richesse et l'harmonie des langues grecque et latine ; mais
M. de Noé pensait que de nouveaux emprunts
faits à celles-ci pouvaient achever de couvrir
son indigence ; qu'un sol moins fertile pouvait être fécondé, qu'un instrument plus ingrat pouvait être perfectionné par une étude
plus approfondie de la méthode antique ; il
croyait, en un mot, à la possibilité d'égaler
nos modèles en les imitant, et de vaincre quelquefois nos rivaux avec leurs propres armes.
Ainsi les Romains ont conquis le monde, en
s'appropriant les armes et les usages des peuples voisins. Quand on a lu les ouvrages de
M. de Noé, on n'est pas tenté de le contredire.

Mais avant de parler de sa gloire littéraire ,
hâtons-nous de le placer sur un théâtre où il
était destiné à en acquérir de plus d'un genre.

L'aurore d'un beau talent, une jeunesse
laborieuse et une conduite irréprochable
appelèrent bientôt sur lui les regards du
Dispensateur des Graces ecclésiastiques. On

lui donna l'abbaye de Simore. Déjà un vertueux prélat (1) l'avait attaché à sa personne en qualité de vicaire-général ; mais ce
n'étaient là que des titres sans fonctions , et il
ne voulait point moissonner sans avoir semé.
Le siége de Lescar vint à vaquer ; l'abbé de
Noé fut choisi pour le remplir , et la dignité
d'évêque étant jointe à celles de Président
perpétuel et premier baron des Etats de Béarn,
et de premier Conseiller d'honneur au Parlement de Navarre , il se vit revêtu d'un double
pouvoir , où son esprit et son cœur ne man-
quèrent pas d'aliment , et où les triomphes de
l'un ne furent égalés que par les jouissances
de l'autre.

Chargé des intérêts d'un pays qui , quoique
réuni à la France , avait toujours conservé le
titre et les droits d'une Souveraineté particulière , représentant perpétuel d'un peuple
qui avait sa constitution à part, ses lois , son
influence immédiate dans la répartition des
impôts , que d'occasions n'avait-il pas d'exer-

(a) Le cardinal de la Rochefoucault , archevêque de
Rouen

cer son zèle, et de déployer ses talens ! Ici un souvenir pénible me reporte vers des tems désastreux, dont il faut conserver la mémoire, pour en prévenir le retour. O vous ! penseurs profonds, qui, vous flattant de rendre à l'homme des droits, dont il n'a jamais joui, alliez chercher dans la nuit des siècles les élémens d'une perfection chimérique ; vous qui prétendiez réaliser en France ce que Platon avait, de son aveu, rêvé en Grèce ; qui, dans nos tems corrompus, parliez *comme aux tems des Deces, des Emiles*, et dont les songes brillans ont amené un réveil si terrible !... que n'êtes-vous allés étudier la politique en Béarn ! Vous auriez trouvé, aux extrémités de l'Empire Français, le modèle, en petit, d'une constitution sage, éprouvée par le tems, et consacrée par la félicité générale. Là, vous auriez vu le peuple, également représenté, la noblesse attachée à la glèbe, la législation confiée à deux Chambres, dans l'une les grands possesseurs de fiefs, dans l'autre les représentans des Communes, tous propriétaires ; les lois, résultat sacré de leurs résolutions unanimes, sanctionnées par le

Monarque qui prononçait souverainement,
en cas de partage seulement, et quand tous
les moyens de conciliation étaient épuisés (1).
Là, vous auriez admiré le prélat que nous re-
grettons , vous l'auriez admiré , à la tête de
ce conseil vraiment national , tantôt calmant
par sa modération les cœurs aigris , tantôt
ramenant par sa sagesse les esprits égarés ,
constant ami de l'ordre et de la justice , in-
trépide défenseur des droits de tous , toujours
le premier chargé d'aller dénoncer au trône
les abus du pouvoir , soutenant les réclama-
tions du peuple avec une éloquence égale à
son courage , triomphant presque toujours ,
et venant , d'un front modeste , recueillir les
bénédictions de ses concitoyens.

Avec une pareille constitution , avec de pa-
reils administrateurs , le Béarn pouvait-il ne
pas être heureux ? Dans cette contrée privi-
légiée , jamais l'aspect hideux de la misère ne

(a) Cette constitution fut portée au pied du trône
par l'évêque de Lescar , à l'avènement de Louis XVI :
le discours patriotique qu'il prononça dans cette
occasion fut généralement admiré.

contristait les regards ; par-tout régnait l'ai-
sance ; par-tout souriait la joie : le plus pauvre
des Béarnais n'était point forcé d'aller à pied :
on eût dit que l'ombre protectrice du bon
Henri veillait autour de son berceau , et que
la Providence avait réalisé, du moins pour ses
compatriotes , le vœu populaire qu'il avoit
formé pour tout son royaume (1). Enfin , telle
était la prospérité dont le peuple jouissait
dans ces climats aimés des cieux , que le vertueux évêque de Lescar se plaignait quelquefois naïvement de ce que la *bienfaisance n'y*
trouvait rien à faire. Suspendez cette pieuse
plainte , pontife trop généreux ! si la sagesse
de votre administration , si la fertilité du sol ,
si l'industrie des habitans du Béarn font cir-
culer autour de vous l'abondance , trop souvent l'inclémence des saisons , l'incendie , la
corruption de l'air, la conjuration de tous les
élémens rendent nuls , par de soudains rava-
ges , et les bienfaits de la Providence , et les
fruits de votre zèle , et les fatigues du cultivateur. La foudre , bravée par les monts sourcil-

---

(*a*) La poule au pot.

leux qui bornent votre horizon , se replie en
quelque sorte , et se venge sur les riantes
plaines du Béarn ; des nuages perfides cou-
vent la destruction, qui tout-à-coup s'échappe
de leurs flancs , et tombe en globules glacés
sur les riches côteaux de Jurançon ; vous
pourrez alors ouvrir vos trésors réparateurs ,
et distribuer les épargnes que votre prévoyante
humanité tient en réserve.

Mais quel fléau, plus terrible que la grêle et
la foudre, va faire expier aux trop heureux
Béarnais leur longue prospérité ? Tout-à-coup
le ciel est devenu d'airain : le sein de la terre
s'est desséché : le vent du midi , portant la
contagion sur ses aîles , a promené son vol
dévastateur dans toutes les provinces voisines ,
et se fixant sur les fertiles campagnes arrosées
par le Gave , il vient d'y souffler la peste et la
mort. Le cultivateur n'est point frappé, mais il
voit languir et tomber, au milieu du sillon , le
robuste compagnon de ses travaux. De proche
en proche , la calamité s'étend , le poison cir-
cule ; on n'attend pas qu'il ait dévoré ses victimes ; on n'attend pas qu'il les ait atteintes ;

3

on les immole, par précaution, et la crainte
du mal, plus cruelle que le mal même, réduit
l'infortuné laboureur à briser, de ses propres
mains, l'instrument de sa richesse. Son champ
reste inculte : bientôt il sera dépeuplé : la désolation, assise sur des ronces, lui commande
de fuir un sol maudit qu'il ne peut plus fécon-
der..... Mais déjà l'évêque de Lescar est aux
pieds du trône. Les malheurs de la ville de
Pau, retracés par son éloquent prélat, ne pouvaient manquer de toucher efficacement le
cœur d'un petit-fils de Henri IV. Un million
est accordé ; somme très-considérable, dans
un moment où tout le midi de la France, atteint du même fléau, réclamait les mêmes
secours, mais très-insuffisante aux besoins
particuliers du Béarn. La charité est ingé-
nieuse autant qu'elle est active. L'évêque de
Lescar imagine une souscription de bienfaisance : il fait un appel à tous ses diocésains :
deux Caisses sont ouvertes, l'une aux offrandes
gratuites de celui qui peut donner, l'autre
aux avances volontaires de celui qui ne peut
que prêter. L'auteur de cette proposition phi-

lantropique a déjà versé 30,000 fr. dans la
première caisse ; il en confie 15,000 à la
seconde ; mais il a fait précéder ce double
bienfait d'un bienfait plus grand encore. Dans
une lettre pastorale , vraiment digne de ce
nom , après avoir rappelé l'idée imposante
de cette Providence à qui les vents, la grêle,
la contagion obéissent; après avoir représenté
la calamité qu'il déplore , comme une expia-
tion pour les Coupables , comme une épreuve
pour les Justes, le Chrysostôme français établit les droits du pauvre au superflu du riche
avec une énergie effrayante pour l'égoïsme ;
puis , avec l'accent pathétique d'un apôtre
qui sent et qui pratique ce qu'il prêche , il
s'adresse à toutes les classes de citoyens , à
tous les ordres religieux, à tous les Fidèles de
son diocèse , à ceux même qui sont séparés
de croyance et de communion, à tout ce qui
porte le nom d'homme ; il les somme tous ,
au nom de la charité , au nom de l'humanité ,
d'apporter leur tribut, quelque faible qu'il soit,
au trésor commun ; un prompt succès cou-
ronne de si généreux efforts; toutes les traces
d'un fléau destructeur ont disparu ; les champs

sont repeuplés , les Béarnais bénissent leur
Pasteur , et ils auraient perdu jusqu'au souvenir du plus affreux désastre , si leur reconnaissance pouvait oublier jamais celui qui l'a
fait cesser.

Mais donner est le plus facile , comme il est
le plus doux des devoirs d'un évêque. Pour-
voir à tous les besoins de son troupeau , choisir dignement ses Coopérateurs , entretenir la
paix et une sainte union parmi les Pasteurs ,
voir par ses yeux , honorer la vertu modeste ,
protéger le mérite envié , démêler d'un coup-
d'œil sûr , dans les hommages que l'on vous
rend , l'espoir secret de l'ambition , dans les
rapports que l'on vous fait , l'arrière-pensée
de l'envie , dans les plaintes ou les recom-
mandations que l'on vous adresse , les ressorts
divers de l'intrigue , cent fois plus active et
plus perfide à la cour d'un prélat qu'ailleurs ,
parce que l'intérêt du ciel y couvre tous les
autres intérêts , parce que le vice y parle le
même langage que la vertu , parce que les
intriguans de tout genre y portent le même
masque , et que celui de la religion est le
moins transparent de tous ; voilà l'abrégé des

devoirs de l'épiscopat. Les exposer , c'est
rappeler les principales vertus du prélat dont
nous honorons la mémoire. Dans le bien même
qu'il aimait tant à faire , c'est moins ce qu'il
donnait , que la manière dont il donnait qui
mérite notre admiration. Tous les malheureux
n'ont ni les mêmes besoins , ni le même caractère. Il en est qui , au sein de la misère ,
ont conservé un sentiment de dignité naturelle
qui leur rend bien pénible l'humiliante néces-
sité d'implorer une assistance étrangère ; il
en est qu'un revers inopiné a précipités dans
l'abyme , et qui , pleins encore de leur fortune
passée , périraient plutôt que de tendre une
main suppliante à ceux dont hier ils étaient
les égaux : quelle était alors la délicatesse , et
si j'ose le dire , la pudeur de sa bienfaisance !
Comme il savait ménager l'amour-propre du
pauvre , lui sauver l'humiliation d'un détail
affligeant , souvent même affranchir sa reconnaissance de tout remercîment , et doubler le
prix du bienfait , en lui cachant la main du
bienfaiteur ! Il faisait plus encore; par mille
pieuses ruses , il lui épargnait jusqu'à la peine
de recevoir ; sa générosité se dérobait , en

quelque sorte, sous l'aile de la Providence, et
à l'exemple de Boos, laissant tomber à dessein
des épis sur son passage, il le faisait moissonner
où sa main ne croyait que glaner. Ame généreuse! pardonnez, si j'ose révéler ici ce que
vous cachiez avec tant de soin ; vous avez reçu
la récompense de vos vertus , l'histoire de vos
vertus nous appartient. Bienfaiteur de l'humanité , tant que vous avez vécu , ne nous enviez
pas le bien que votre exemple peut faire
encore !.

J'en ai dit assez pour faire admirer l'homme
public dans l'exercice de ses augustes fonctions , le pasteur dans ses rapports avec son
troupeau ; combien je le ferais aimer , si je
l'offrais dans toute la candeur et la simplicité
de sa vie privée , dans le commerce intime de
l'amitié , que sa belle ame était si digne de
sentir et d'inspirer ! C'est alors qu'il se mon-
trait avec tous les avantages dont le ciel l'avait
doué : sa pensée , libre de toute contrainte ,
s'épanchait, tour-à-tour naïve , délicate , brillante ou sublime, et l'expression, toujours en
harmonie avec sa pensée , arrivait aisément
et toujours à propos. Que d'heureuses saillies !

que de réflexions profondes ! que sa conversation était aimable et instructive tout-à-la-
fois ! Dans le monde, ce n'était plus le même
homme ; la différence était telle, que ceux
qui auraient voulu le juger sur ce qu'il paraissait alors, auraient quelquefois apprécié bien
mal et son esprit et son caractère. L'évêque
de Lescar n'avait ni ce don d'improviser qui
éblouit le vulgaire, ni cette argumentation
méthodique, la seule éloquence des pédans,
ni cette rectitude qui, dans le langage comme
dans les manières, peut être appelée le sublime des esprits médiocres. Disons tout : il
laissait quelque chose à désirer même aux
appréciateurs éclairés du vrai mérite, même
aux admirateurs sincères de son talent. Soit
modestie, soit prudence, soit préoccupation,
soit plutôt que l'abondance de ses idées en
gênât l'essor, et que son goût trop difficile
hésitât sur la meilleure façon de les rendre,
il ne paraissait pas alors au niveau de l'opi-
nion que ses écrits avaient fait concevoir de
lui ; à moins que l'importance du sujet, occu-
pant toute son ame, échauffant son imagination, n'entraînât sa pensée, et ne fît violence

à l'expression, sa manière de discourir n'avait
rien qui annonçât un homme supérieur ; pour
le mettre à sa place , il fallait quelquefois, en
l'entendant , se souvenir qu'on l'avait lu, et
pour le trouver aimable aujourd'hui, se rappeler sa conversation d'hier. Cette apparente
inégalité se faisait remarquer jusques dans son
caractère. Le même homme qu'on avait vu
dénoncer et poursuivre avec énergie les abus
de l'autorité , que l'exil et les persécutions
n'ont jamais fait dévier de ses principes, que
nous verrons bientôt supporter l'infortune
avec la constance d'un sage et la résignation
d'un chrétien , lorsqu'il était surpris par les
événemens, ne pouvait se défendre d'un premier mouvement d'inquiétude : un léger obstacle l'étonnait ; un choc imprévu l'effarou-
chait ; une contradiction le déconcertait : son
courage avait besoin du secours de la réflexion , et ce n'est qu'après s'être remis de
ce premier trouble involontaire qu'il dé-
ployait cette fermeté d'ame que nous aurons
plus d'une fois occasion d'admirer. C'est une
espèce d'énigme morale qu'il n'appartient
peut-être qu'à des hommes supérieurs d'ex-

pliquer. Quoi qu'il en soit, et les actions et les ouvrages de l'évêque de Lescar ont assez prouvé qu'il n'était timide ni de cœur, ni d'esprit.

Une circonstance heureuse et brillante lui a permis de lutter avec un de nos plus éloquens orateurs, et les Aristarques de ce tems-là, qui valaient bien ceux du nôtre, ont prononcé, sans compromettre leur goût, que Massillon (Massillon !) n'avait fait qu'ébaucher le magnifique tableau exécuté en grand par l'évêque de Lescar. On devine que je veux parler du fameux discours sur la bénédiction des drapeaux du régiment du Roi Dragons, qu'un neveu de notre prélat (a) commandait alors. Ce discours suffirait, à mon avis, pour établir les droits de l'orateur à l'immortalité. Quelle noble simplicité dans

***

(a) M. de Viella commandait, en l'absence de M. de la Fayette qui faisait alors la guerre en Amérique. M. de Viella, recommandable lui-même par ses services et par ses qualités personnelles, a deux frères qui joignent l'amabilité aux talens, et qui, très-jeunes encore, étaient comptés parmi nos meilleurs officiers de marine.

l'exorde ! quelle savante économie dans la
distribution de ses preuves ! Comme il paraît
fort de son sujet ! comme il réfute victo-
rieusement, et sans fanatisme, les *Philoso-
phistes* (*a*), qui prétendent que la religion est
incompatible avec l'héroïsme guerrier ! Que
le soldat chrétien paraît grand sous la plume
d'un tel panégyriste ! qu'il est sublime quand
il expire au lit d'honneur ! Ce qu'on admire
sur-tout, dans ce bel ouvrage, c'est la parfaite
analogie du style avec le sujet : l'orateur vous
transporte au milieu des combats, il vous
remplit d'un enthousiasme guerrier ; on dirait
qu'il a pratiqué les vertus qu'il prêche, qu'il
a couru les dangers qu'il peint, qu'il a cueilli
les lauriers qu'il promet. On y reconnaît toujours le langage d'un évêque, mais on sent
que cet évêque a quatre frères officiers-géné-
raux. C'est là que vous retrouverez la touche
mâle et toutes les formes heureuses des An-

(*a*) C'est l'expression de Rousseau ; j'ai cru devoir
l'adopter, plutôt que de flétrir la belle dénomination
de philosophe, qu'ont honorée Socrate, Platon,
etc., etc.

ciens (*a*). Comment l'évêque de Lescar ne les
aurait-il pas imités avec succès ? Il n'étudiait
qu'eux et ceux de nos écrivains qui les ont
égalés ou surpassés. Ses fonctions sacrées lui
laissaient-elles un moment de loisir ? Après

(*a*) Il suffira d'en citer la phrase suivante, pour inviter à lire tout le discours :

« Tout homme naît soldat; mais la patrie, ayant
« divers besoins, n'exige pas de tous ses enfans les
« mêmes sacrifices : les uns versent leur sang dans les
« combats; les autres arrosent nos campagnes de leurs
« sueurs; d'autres, levant les mains au ciel, prient pour
« notre prospérité ou pleurent sur nos crimes, tandis
« que d'autres, veillant sur le dépôt des lois, main-
« tiennent parmi les citoyens les droits de l'équité et
« de la justice; mais si tout-à-coup, fondant sur
« nous, un ennemi cruel ravageait nos possessions,
« enlevait ou égorgeait nos frères, renversait nos
« temples, nos lois, nos autels, et menaçait l'état
« d'une subversion totale ; au premier cri d'effroi et
« de douleur de la patrie-éplorée, descendant de leurs
« tribunaux, suspendant leurs sacrifices, s'arrachant
« de leurs cloîtres, accourant de leurs déserts, juges,
« prêtres, cénobites, solitaires, viendraient grossir
« la troupe des guerriers, donner l'exemple du zèle et
« du courage, et s'ils ne savaient combattre, du moins
« ils sauraient mourir. »

les Saintes Ecritures qui firent toujours ses délices, il lisait Homère ou Démosthènes, ou Cicéron ou Virgile. Allait-il passer quelques jours au sein de sa famille, dans cette île enchantée (a), à qui l'indigence même pardonnait son luxe, parce qu'elle y trouvait toujours un asile, c'était pour lire Homère, et pour admirer à-la-fois et sentir la nature. Les intérêts du Béarn l'appelaient-ils à Paris ? Il en profitait, non pour faire sa cour aux Puissances, mais pour visiter les gens de lettres les plus célèbres, pour s'instruire encore avec eux, ou pour découvrir quelque talent naissant, quelque jeune amateur de l'antiquité, qu'il amenait avec lui, et dont il faisait son commensal et son ami. C'est ainsi qu'il s'attacha le vertueux et modeste *Auger*, et ce traducteur estimable a reconnu publiquement qu'il avait à son bienfaiteur plus d'une sorte d'obligation. Il entendait peut-être le grec mieux que l'évêque de Lescar, mais l'évêque de Lescar le sentait mieux que lui, et la traduction de l'éloge d'Evagoras, et de celui des

---

(b) L'isle de Noé, près d'Auch.

Guerriers morts dans la guerre du Péloponèse,
que l'abbé *Auger* a eu le courage de placer
à côté de ses propres traductions , prouvent et
la modestie du grand-vicaire , et la supériorité
du prélat au moins dans l'art du style.

Tandis que je m'arrête avec complaisance à
retracer ses triomphes et ses jouissances litté-
raires , un orage soudain vient fondre sur un
frère (*a*) qu'il chérissait , et lui fournit la malheureuse occasion de déployer tout son courage.
L'Europe a retenti de l'affaire du vicomte de
Noé , affaire inouie où le bon droit fut immolé
au crédit , où l'on vit le premier magistrat d'une
des premières villes de France accusé , pour
avoir fait son devoir , par l'homme puissant
qui avait trahi le sien , appelé , pour un fait ci-
vil , à un tribunal militaire présidé par sa partie
adverse , l'offensé jugé par l'offenseur , le crédit
d'une cour subalterne imposant silence à deux
Cours souveraines qui réclamaient en faveur de
l'innocence , et pour résultat enfin , le maire de
Bordeaux , officier supérieur plus que sexagé-
naire , recommandable par les services de ses

_____

(*a*) Le vicomte de Noé , maire de Bordeaux , était ,
en cette qualité , chargé seul de la police du théâtre ;

aïeux et par les siens , couvert d'honorables
cicatrices , réduit à quitter sa patrie pour fuir
le déshonneur , et à chercher , dans une terre
étrangère , un asile contre la plus odieuse per-
sécution. Que ne fit point l'évêque de Lescar
pour épargner ce malheur à son frère , au
gouvernement cette injustice ! De quel ton
noble , touchant et respectueux il plaida lui-
même sa cause aux pieds du trône ! Son élo-
quente apologie vivra , monument tout-à-la-
fois honorable pour lui et flétrissant pour ses
adversaires , mais accueillie du monarque avec
attendrissement , le résultat en fut un indigne
exil ministériellement prononcé.

Deux ans se passent ; le choix du monarque
appelle au ministère deux hommes dont l'un ,
comme lui prince de l'église , (*a*) se disait son

---

ayant fait conduire en prison un Suisse qui , quoi-
qu'aux gages de la ville , avait exécuté une consigne
injustement donnée par le Maréchal de Richelieu ,
gouverneur de la province , il fut cité par celui-ci au
tribunal des Maréchaux de France , dont il était
président , et condamné , malgré ses protestations ,
à *faire des excuses au Maréchal.*

(*a*) M. de Lamoignon.

ami, et dont l'autre, portant un nom illustre dans la magistrature (*a*), l'était depuis trente ans. L'évêque de Lescar crut la circonstance favorable pour faire annuller par le Conseil du Souverain le scandaleux arrêt qui avait condamné son frère à faire des excuses, lorsqu'il avait droit d'exiger une réparation. J'avais alors le bonheur d'être auprès de sa personne, et c'est comme témoin oculaire que je vais raconter la suite de cette malheureuse affaire.

La requête en cassation est présentée, elle est admise : tout présage un succès aussi prompt qu'heureux. Le jour du rapport est fixé : L'évêque de Lescar, qui venait d'être nommé président d'une section de l'assemblée provinciale d'Auch, n'attendait plus, pour s'y rendre, que la certitude officielle d'un triomphe que tout semblait lui garantir. Le Principal Ministre l'engage à partir, en l'assurant qu'il recevra sous huit jours l'expédition de l'arrêt du Conseil qui lui donne victoire complette. Nous partons, mon illustre ami triomphant, moi partageant son allégresse. Arrivé à Auch, l'évêque de

---

(*a*) M. de Lomenie-Brienne, archevêque de Sens.

Lescar brûle de recevoir le gage authentique
de son succès : son impatience accuse la lenteur
du courrier ; enfin, huit jours sont écoulés, le
courrier arrive, point de lettre ; il s'étonne : le
courrier suivant, point de lettre ; il s'inquiète ;
Le courrier suivant, un paquet lui est remis,
il l'ouvre, ... il voit une lettre-de-cachet
pour son frère, et pour lui-même un billet
particulier du ministre qui l'invitait à la lui
faire parvenir en Espagne, lieu de son exil,
en le prévenant qu'elle contenait l'ordre de se
rendre en prison dans la forteresse de Bayonne,
pour être jugé par une Commission, non sur
le délit prétendu, mais sur sa retraite hors de
France. Ames franches et sensibles ! vous
seules pouvez vous figurer l'état de l'homme
que l'on jouait ainsi ! Mais son courage fut plus
grand que son revers ; Il demande des che-
vaux, m'invite à le suivre, et nous voilà sur
la route d'Espagne : nous traversons les Pyrénées, et nous pénétrons dans une humble
retraite où s'offre bientôt à nous une de ces
figures imposantes à qui l'âge n'imprime que
plus de majesté, et que l'infortune rend plus
vénérables. « Mon frère, lui dit l'évêque de
Lescar, après les premiers embrassemens,

» vous sentez-vous le courage de finir ici vos
» jours, plutôt que de rentrer en France par
» une lâcheté ? » Un regard énergique ayant
répondu à cette question, « eh bien, ajouta-
» t-il, cette lettre contient l'ordre de vous
» rendre, sur-le-champ, dans la citadelle de
» Bayonne. Puisque mon cœur a deviné le
» vôtre, demain j'irai la reporter à celui qui
» n'a pas rougi de me l'adresser. » Le lende-
main nous partîmes, ou plutôt nous revolâmes
vers Paris. L'aile des vents eût paru trop lente
à l'impatience de ce généreux frère. Nous étions
dans la saison des frimas et des tempêtes : au
sortir de Bordeaux, la Dordogne furieuse nous
oppose l'obstacle mugissant de ses flots horri-
blement accrus. Les matelots effrayés nous en-
gagent à attendre quelques heures. « Un ma-
» telot qui craint l'onde est un soldat qui craint
» l'ennemi, passons. — Mais il y a du danger :
» je paierai le danger, passons. » On nous em-
barque, on nous livre au caprice de l'onde ;
chaque flot nous présente la mort ; je trem-
blais... mon compagnon lisait Homère. Enfin,
après six heures de traversée, nous abordons.
Nous dévorons l'espace qui nous séparait encore de la Capitale ; nous voilà à Paris ; nous

voilà à Versailles ; l'évêque de Lescar va tomber , comme la foudre , chez le ministre , et lui
remettant sa lettre , telle qu'il l'avoit reçue :
« tenez , dit-il , je ne veux pas être le recors de
« mon frère. » Le ministre veut balbutier quelques mots d'excuse , le prélat le salue et se
retire. Je ne suis qu'historien ; ce récit fidèle
me dispense de toute réflexion (*a*).

Depuis ce moment , ses jours n'ont été filés
que par la tristesse. Une nouvelle carrière s'est
ouverte pour lui : nous allons le voir aux prises
avec l'infortune. Mais son talent et sa vertu
ne l'abandonneront point ; nous serons forcés
quelquefois de le plaindre , mais nous pour-
rons encore l'admirer.

(*a*) Dans cette affaire trop connue, l'évêque de
Lescar discutant un jour avec M. de Vergennes les intérêts ou plutôt les droits du vicomte de Noé , celui-ci,
pressé par des raisons auxquelles il ne savait ni ne
pouvait répondre , s'emporta , et s'oublia jusqu'à dire :
« M. de Lescar, tout cela est fort bon ; mais contes-
« terez-vous au roi le pouvoir de disposer du sort d'un
« de ses sujets ? — Monsieur, lui répondit le prélat ,
« je ne conteste rien au roi, mais je vous conteste ,
« à vous , que le roi veuille être injuste, et c'est le
« calomnier. » Le ministre *reticuit*, comme dit Tacite
de Tibère , dans un cas à-peu-près semblable.

Lorsque le dernier roi de France, soit par une généreuse condescendance au vœu bien prononcé de la nation, soit dans l'intime persuasion qu'il n'y avait plus d'autre moyen de salut pour elle, ou soit par la maligne influence de cet esprit de vertige et d'erreur,

De la chûte des rois funeste avant-coureur,

eut résolu d'assembler les États-Généraux du Royaume, le Béarn, qui n'y avait jamais eu de Représentans, fut convoqué dans la forme commune à toutes les provinces (a); mais le peuple béarnais, à qui sa constitution était chère, témoigna unanimement le desir que l'élection de ses députés fût faite au sein de ses propres États, où il était légalement et suffisamment représenté. L'évêque de Lescar fut encore chargé de porter sa réclamation au pied du trône, et le monarque, en y faisant droit, sembla sanctionner de nouveau les priviléges de la Souveraineté du Béarn. Il fut décidé que ses députés, par une exception unique, seraient élus dans l'assemblée des États. On se doute bien que le président-né de ces États et le dé-

---

(a) Par Baillages et Sénéchaussées.

fenseur le plus zélé du Béarn, fut choisi le premier, et par acclamation, pour le représenter
dans l'auguste Conseil de la mère-patrie. Quand
il fut rendu à Versailles, avec ses collègues,
la grande et *décisive* question de la réunion
des trois Ordres n'en était déjà plus une, et
deux jours après leur arrivée, c'est-à-dire,
avant qu'ils eussent pu faire vérifier leurs pou-
voirs dans leurs Chambres respectives, cette
réunion fut irrévocablement consommée : tout
le Clergé et toute la Noblesse avaient passé dans
la salle des députés des Communes.

Cet exemple fut moins puissant sur l'esprit
de l'évêque de Lescar que son devoir, ou ce
qui lui parut être son devoir. Sa mission était
pour la Chambre du clergé aux Etats-généraux
de France, il n'y avait plus de Chambre du
clergé, il n'y avait plus d'Etats-généraux, il
crut sa mission finie, et, après avoir, de con-
cert avec ses collègues, tant du clergé que
de la noblesse du Béarn, exposé ses motifs dans
un acte simple, précis et respectueux, qui fut
signifié aux ex-Présidens des deux Ordres abo-
lis, sans crainte et sans reproche, il se disposa
à retourner vers ses Commettans.

Peut-être sommes-nous encore trop voisins de cette époque fameuse, et trop pleins de tout ce qui l'a suivie, pour avoir le droit de juger, dans cette circonstance, la conduite d'un prélat qui n'eut jamais que l'honneur pour principe et la vertu pour guide. Ce droit appartient à la postérité. Quel que soit le jugement qu'elle en porte, elle ne pourra s'empêcher d'y reconnaître la franchise d'un caractère noble, et une sorte de courage assez rare pour mériter qu'on l'admire.

C'est ici le moment de parler d'un ouvrage qu'il avait composé, quelques années auparavant, et qui pourra expliquer ou même justifier, s'il en était besoin, son refus d'occuper sa place dans une assemblée chargée de régénérer la France.

En 1785, il avait été choisi pour faire le discours d'ouverture à l'assemblée générale du clergé; il prit pour sujet : *l'état futur de l'église*. Ce discours ne fut point prononcé. Je n'en rapporterai pas les raisons, parce que l'éloge d'un homme vertueux n'a pas besoin de s'étayer de la satyre du vice, mais il a été imprimé depuis, et l'éloquence a pu compter un chef-d'œuvre de plus.

Dans cet ouvrage sublime et prophétique,
il s'agit d'ouvrir les yeux des Fidèles sur l'état
actuel de la religion. A l'aide des saints oracles,
l'orateur pénètre dans les profondeurs de la
sagesse de Dieu. En lisant ce qu'il lui a plu de
nous révéler de ses desseins sur nous et sur
son Eglise, il y voit de grandes promesses,
mais aussi de grandes menaces, et il essaie de
fixer la mesure précise de nos espérances et
celle de nos alarmes.

Pour fonder son discours sur une base solide,
l'évêque de Lescar établit un système qui
pourra paraître nouveau à quelques théologiens
difficiles; et rien n'est plus neuf en effet que
l'usage qu'il a fait de deux opinions très-connues
dans l'Eglise, et appuyées de l'autorité des
Prophètes, de plusieurs Pères de l'Église, et
sur-tout de Bossuet. L'une est la future con-
version des Juifs, et l'autre, un avènement
intermédiaire de J. C., qui précédera d'un
long intervalle le jugement universel. Ces
deux opinions réunies forment une espèce de
problème religieux que l'orateur résout avec
un talent et une éloquence au-dessus de tout
éloge. On ne lira pas sans admiration, dans la

première partie, le sublime tableau de l'orga-
nisation de l'Eglise, dans la seconde, on en-
tendra avec effroi les menaces terribles auxquelles il ne nous est plus permis de ne pas
croire, depuis que nous en avons éprouvé les
effets (*a*).

———

(*a*) Les auteurs, comme les victimes, des fléaux
dont la France n'est pas encore consolée, ne liront pas
sans frémir le morceau suivant. C'est en 1788 qu'un
ministre du ciel s'exprimait ainsi; c'est du moins à
cette époque que son Discours *sur l'état futur de
l'Église* a paru.

« Un mal contagieux s'est répandu dans nos contrées, mal funeste, poison subtil qui s'insinue dans les
ames, qui aveugle les esprits, corrompt les cœurs, et
qui, si vous n'arrêtez ses progrès par les plus sages
précautions, soutenues par la faveur du ciel la plus
insigne, infectera toute la masse et finira par dissou-
dre toute Société religieuse et politique.

« Des hommes orgueilleux d'un faux savoir, ennemis
de toute domination, se sont élevés contre Dieu, contre son Christ et son Église, contre toutes les lois; et
pour briser plus sûrement un joug qui les fatigue,
pour renverser des idées reçues qui les importunent,
pour abréger l'étude de la science, et d'un seul mot
couper court à toute discussion, ils ont fini par dire,
— Mortels, écoutez vos maîtres : ils viennent vous

Celui qui a écrit ce morceau sublime n'était,
comme il le dit lui-même, ni prophète, ni

apprendre qu'il n'y a point de Dieu. Intéressés à les
croire, des hommes faibles et déjà vaincus par leurs
passions, se sont laissés aller à leurs paroles. Bientôt
ces nouveaux disciples sont devenus de nouveaux
maîtres; les plus ardens et les plus téméraires d'en-
tr'eux ont été les plus suivis par leurs semblables. De
la Capitale, où il a d'abord paru, le mal a gagné les
provinces; des villes il a passé dans nos campagnes;
des pères, par une succession malheureuse, il s'est
transmis aux enfans qui en ont fait la portion la plus
précieuse de leur héritage; accru et fortifié, à mesure
qu'il s'est éloigné de sa source, quelques générations
ont fait perdre de vue son origine, et lui ont acquis
le mérite et le crédit de l'antiquité. On avait mis en
question long-tems, s'il était possible qu'il y eût de
véritables athées : grâces à notre siècle, le problème
est résolu, et nous voyons tous les jours des hommes
nés, conçus, nourris dans l'athéisme, vivre sans dieu,
sans loi, sans remords, et mourir froids et endurcis,
comme ils ont vécu; et l'on sera surpris que les
hommes d'aujourd'hui ne veuillent vivre que pour
eux ! que les pères négligent leurs enfans, que les
enfans méconnaissent leurs pères, que les liaisons du
sang perdent tous les jours de leurs droits ! et l'on
se plaindra qu'il n'y a plus de patrie, comme il n'y

enfant de prophête, mais voyant sur le soir le
ciel en feu , il s'est dit que la journée du len-

---

a plus de famille ; que les corps et les esprits dégé-
nèrent , que les sciences et les arts déclinent; que
les chefs-d'œuvre en tout genre deviennent rares, et
les vertus héroïques encore plus ! Et comment en se-
rait-il autrement? Des hommes qui n'ont qu'un instant à vivre ne doivent pas se partager : si le bien, si
le mal n'est qu'un nom ; si le juge qui les voit ne les
punit ni ne les récompense; si cet être, quel qu'il
soit , n'existe même pas, quel prix, pour le présent
ou pour l'avenir, proposerez-vous à l'homme, pour
le payer de ses sacrifices et de ses travaux? Il sait
que, pour qui va cesser d'être, le présent bientôt ne
sera plus, et que l'avenir ne sera jamais. Ce n'est pas
tout; des gens de bien, qui devraient avoir horreur
de ces maximes, écoutent les docteurs qui les débi-
tent, vantent leur savoir . admirent leur courage,
envient leur sécurité ; se rapprochent tous les jours
de leurs idées , de leurs mœurs , de leur langage, se
dégoûtent enfin des objets de la foi, et, traînant avec
ennui un faible reste de christianisme, semblent n'attendre que le moment de la tentation pour s'en dé-
faire, comme les apostats n'attendent que la présence
et le signal du tentateur, pour se livrer aux derniers
excès.

« Si, dans ces circonstances, il s'élevait un homme

demain serait brûlante. Long-tems avant 1789,
il avait prévu un changement dans l'Etat ; ce
changement pouvait être nécessaire, il pou-

---

revêtu de puissance et d'adresse, un homme qui réu-
nît tous les caractères et tous les dons qui en impo-
sent le plus aux hommes, et que, l'audace sur le
front, le blasphême à la bouche, il parût parmi nous,
et tentât de consommer, en un jour, le mystère d'ini-
quité qui s'opère, depuis les premiers siècles, quel
obstacle trouverait-il ? Ah ! je vois ses nombreux par-
tisans se réjouir en voyant approcher leur maître ; je
les vois accourir, sur ses pas, dans nos temples, renverser nos autels, en arracher les prêtres, les lévites
occupés du sacrifice ; pénétrant dans l'enceinte sacrée,
je les vois appeler à grands cris cette foule de demi-
croyans rassemblés moins par le zèle que par l'usage,
et dans ce temple, déshonoré déjà par leur culte hy-
pocrite, les inviter à rejeter bien loin un phantôme
de religion qu'ils ne supportent qu'avec peine ; je les
vois porter une main sacrilège sur les ornemens du
sanctuaire, se charger avidement de leurs dépouilles,
fermer les portes de la maison de Dieu ou en changer
la destination, poursuivre au-dehors leur victoire
impie, et dans leur triomphe et leurs festins, insulter
à nos douleurs, et, par des libations impures, profa-
ner ces coupes et ces vases consacrés par la célébra-
tion de nos mystères les plus redoutables ».

vait être heureux ; mais quand l'évêque de
Lescar connut les causes immédiates qui l'a-
vaient amené, les principes ou les espérances
de ceux qui le dirigeaient, il trembla pour sa
malheureuse patrie. Tandis que fiers de nos
effrayans succès, ivres de tant d'obstacles ren-
versés, de tant de préjugés sacrifiés, de tant
de sermens oubliés, nous nous applaudissions
d'avoir anéanti quinze siècles en une heure,
lui, voyant la source des plus grands maux
dans le pouvoir illimité de faire le bien, dans
les plus vifs élans de la liberté, le germe im-
pur de la licence, et dans la sérénité du plus
beau jour, le présage d'un ouragan dévastateur, il commençait à craindre d'avoir fait,
dans son discours sur l'*état futur de l'Église*,
la peinture anticipée de l'état de la France.

Plein de ces sombres idées, il retourna vers
son troupeau ; son troupeau, qui bientôt
hélas ! devait cesser de l'être. Sa bienfaisance
devenue plus active, par le triste pressenti-
ment que bientôt elle n'aurait plus a lui offrir
que des vœux, répandait ses secours avec plus
d'abondance. Trop sûr que le patrimoine du
pauvre passerait bientôt en d'autres mains, il

se hâtait d'escompter , pour ainsi dire , la
créance de l'infortune. C'était peu pour lui de
ne point perdre sa journée ; croyant toujours
que c'était la dernière , il voulait la rendre
plus pleine , et plus lucrative pour son ame.
Ainsi l'astre du jour , quand il va céder l'ho-
rison aux ombres de la nuit , redouble l'éclat
de ses derniers rayons , et perçant les voiles
sombres, qui déjà l'environnent, semble, d'un
regard plus doux , saluer la terre qui va le
regretter.

C'était à Pau que , jusqu'alors , l'évêque de
Lescar avait fixé sa résidence , pour être plus
à portée de remplir les diverses fonctions de
président des états de Béarn et de premier
conseiller d'honneur au parlement de Navarre ;
mais déjà il n'y avait plus ni états , ni parlement : de tous ses titres , celui d'évêque lui
restait seul ; il sentit que dès ce moment sa
place était à Lescar. Il vint s'y réfugier et attendre , parmi ses dignes coopérateurs , l'ac-
complissement des desseins de la providence
sur son église et sur lui. Hélas ! il touchait à
ce jour fatal. Déjà sont arrivés , à la tête de la
force armée, les exécuteurs de la loi qui sup-

primait le siège de Lescar. A cette nouvelle,
toute la ville frémit ; les orphelins tremblè-
rent ; les pauvres accoururent ; une foule im-
mense remplit et environne le temple où le
vertueux pontife adressait au ciel ses derniers vœux ; on se presse autour de lui ; tout
pleure, et les voutes sacrées retentissent de ce
cri douloureux : « Laissez-nous notre père !
Les esprits s'échauffaient ; la crainte se chan-
geait en indignation, le zèle en fureur, les
prières en menaces.... L'objet involontaire de
cette pieuse insurrection pouvait seul la cal-
mer ; il était à l'autel ; il voit l'accomplis-
sement des oracles qu'il a profondément
médités ; il se résigne, il s'humilie, et,
descendu à la dernière marche de l'autel,
symbole représentatif et dramatique de la
déchéance qui se manifestait en ce moment,
il adresse au peuple ces propres paroles :
« C'est aujourd'hui, mes frères, que le Sei-
» gneur nous bannit de son temple ; il ne
» nous juge plus dignes d'offrir le sacrifice
» auquel il ne vous juge plus dignes d'assis-
» ter.... Mais que vois-je ? Vous vous soule-
» vez, vous voulez nous retenir par la vio-

» lence ? Songez que ce n'est point par la
» force que l'on arrache les grâces du Sei-
» gneur (a). Nous avons tous péché, mes
» frères, humilions-nous : prions, gémissons;
» peut-être que le Seigneur, touché de nos
» larmes et de notre repentir, daignera nous
» rétablir un jour ».

A ces mots, comme si l'on eût entendu la
voix de l'ange de Dieu, saisis d'un saint res-
pect, tous les assistans, prêtres, lévites,
peuple, soldats, commissaires et agens, se
prosternent et fondent en larmes. Le décret
de suppression s'exécute paisiblement; les
formes civiles s'accomplissent en silence, et
on n'oppose plus que des sanglots au départ
d'un prélat pour qui le sang était prêt à cou-
ler, et peut-être avec le sien même....

Je ne m'arrêterai point sur les détails de

_____

(a) Toute sa vie, il a été fidèle aux principes consacrés dans ce discours. On a trouvé dans les journaux
une lettre écrite de Londres, en réponse à ses grands-
vicaires de Lescar, où il leur marquait expressément,
que n'étant constitués ni en puissance ni en autorité,
ils n'avaient aucun droit de s'opposer aux injustices,
mais seulement celui de ne les pas approuver.

cette douloureuse séparation ; ils m'offriraient
encore des vertus à célébrer , un monument
d'éloquence à rappeler (b) ; mais si je dérobe
quelque chose à la louange de mon héros ,
j'épargne des larmes à ceux qui l'ont aimé ,
des regrets à ceux qui l'ont persécuté , et à
moi-même l'embarras de peindre ce qui ne
peut être que senti. Je dirai seulement que ,
jusqu'au dernier moment, l'évêque de Lescar
fut respecté , honoré de ceux même que ses
opinions contrariaient ou que ses vertus for-
çaient à rougir ; et qu'à la merci d'un peuple ,
dont la frénésie révolutionnaire alla jusqu'à
livrer aux flammes le berceau d'Henri IV ,
cette précieuse relique , ce *palladium* sacré
du Béarn, que , deux ans auparavant , j'avais
vu porter en triomphe , un prélat qui avait
osé rester fidelle à ses principes , et à son caractère , protégé par le seul souvenir de ses
bienfaits , accompagné de ses seules vertus ,
eût du moins la triste liberté de gagner tran-
quillement le lieu de son exil.

(b) Mandement au sujet de l'élection de l'évêque du
département des Basses-Pyrénées.

Et quelle Contrée son cœur avait-il choisie ?
La plus voisine du troupeau qu'il était forcé
d'abandonner (a). Il ne voulait point perdre
de vue ces superbes montagnes, que sa pensée aimait à franchir, et derrière lesquelles il
avait laissé tant de malheurs et tant de regrets.
En contemplant les Pyrénées, il croyait contempler les remparts de sa patrie : il s'applau-
dissait de jouir du même spectacle que ses
compatriotes, d'avoir encore quelque chose
de commun avec eux ; il confiait ses vœux à
l'aile des vents qui lui rapportaient ceux de
tout ce qu'il avait chéri, et dans l'air qu'il
respirait, il pouvait recueillir encore les regrets de l'amitié, et les bénédictions de l'infortune.

Voilà ce qui te console dans ton exil, ô le
meilleur des hommes ! ce n'est ni la richesse,
ni la puissance que tu regrettes ; tu es riche de
tout ce que tu as donné, et quand tu descends
dans ton cœur, environné de tes souvenirs,
tu es plus grand que l'ambitieux assis sur un
trône entouré de remords et de soucis ; tu

(a) La ville de Saint-Sébastien en Espagne.

dis : j'ai fait des heureux ! et tu l'es toi-même.
Sur cette pensée délicieuse tu t'endors ; ton
sommeil est doux , ton réveil est pur et calme,
comme celui de l'aurore ; et le soir tu peux
répéter encore : j'ai fait des heureux !

Hélas ! il fut bientôt forcé d'aller porter
plus loin ses douces et consolantes rêveries.
La guerre , et une guerre terrible , menaçait
son asile. Que fera-t-il ? Son cœur déchiré se
partage entre ses hôtes et ses compatriotes ,
entre le devoir et la reconnaissance , entre la
patrie qui l'a vu naître , et la patrie qui vient
de l'adopter. Il ne sera pas témoin d'une lutte
sanglante dont le résultat ne peut être qu'affreux pour lui ; il ne verra pas périr ou ses
amis ou ses frères ; il faut qu'il s'éloigne.....
Accablé d'ans et de chagrins , il traîne sa vieil-
lesse et son malheur dans une Contrée (a) ,
presque la seule alors qui ne se fût point dé-
clarée contre la France , et qui s'honorait
d'accueillir l'infortune. La patrie du malheureux est par-tout où règne la pitié. La pitié !
L'évêque de Lescar a connu, mais n'a jamais
excité ce triste sentiment. Il eut la noble

_____

(a) L'Angleterre.

fierté de ne rien recevoir d'un gouvernement
étranger. Hors de la France , il fut toujours
français. Né sobre , il vivait de quelques dé-
bris de son ancienne opulence qui devaient
être un jour l'héritage du pauvre , s'il ne fût
devenu lui-même plus pauvre que ceux aux-
quels il les avait destinés. Que dis-je ? dans le
plus étroit nécessaire , sa charité trouvait encore du superflu pour ses compagnons d'exil.
Les crimes de l'anarchie en augmentaient
chaque jour le nombre ; il partageait avec
eux , en frère , le morceau de pain qui lui
restait , abandonnant son avenir à cette providence universelle qui donne la pâture aux
petits des corbeaux. Sa pieuse sollicitude
n'oubliait pas les intérêts spirituels de ses
malheureux compatriotes ; il enseignait la loi
du Seigneur à leurs enfans ; sa douce et per-
suasive éloquence leur faisait aimer le dieu de
leurs pères ; il les initiait aux mystères , il les
faisait participer aux bienfaits de la religion ;
et tandis qu'en France des forcenés cher-
chaient à éteindre , dans un fleuve de sang ,
le flambeau du christianisme , il en recueillait
soigneusement les rayons égarés ; il alimentait
les précieuses étincelles de ce feu sacré ; il

formait une pépinière de jeunes croyants,
pour repeupler nos temples au jour de la ré-
conciliation. Avec quelle sainte ardeur il in-
voquait ce beau jour ! Avec quelle énergie il
combattait les esprits haineux qui voulaient
éterniser la guerre et perpétuer le désordre !
Avec quelle onction il prêchait le pardon des
injures, la concorde et la paix !

Ses vœux sont exaucés ; le jour des miséri-
cordes a lui ; le Seigneur a soufflé sur l'édifice
du crime ; il a souri à la France, et Cyrus a
paru. Revenez, fidelles et malheureux Israé-
lites ! vos temples sont r'ouverts ; votre
culte vous est rendu : vous avez encore une
patrie ! A ce doux nom, le cœur de
l'évêque de Lescar a tressailli ; il rassemble
ses frères dispersés ; il célèbre avec eux le
jour de la délivrance, et après avoir béni la
terre hospitalière qui les avait recueillis pen-
dant l'orage, il s'achemine vers l'heureuse
contrée où, nouvel Esdras, il va donner
l'exemple du zèle, et signer l'acte de la
nouvelle alliance que le ciel daigne contrac-
ter avec un peuple purifié par la calamité.
Pourquoi faut-il que l'accord n'ait pas été

unanime , et qu'il se soit trouvé quelques enfans rebelles au vœu de la grande famille qui
les rappelait dans son sein ? O vous qui per-
sistez à fuir vos frères , Pontifes autrefois
chers à la France , loin de moi la pensée de
vous prêter des motifs indignes du caractère
que l'onction sainte vous a imprimé ! Le res-
pect que je dois au souvenir de vos vertus me
défend même d'interroger vos consciences ;
c'est votre illustre collègue qui, du haut du ciel,
où il vous a précédés , vous répète ce que la
sienne lui a dit, ce qu'il vous a dit sans doute
à vous-mêmes , lorsque l'appel de la patrie re-
naissante a retenti à vos oreilles. « Qui pour-
» rait nous engager à prolonger volontaire-
» ment notre exil ? Ce n'est point un esprit
» de vengeance : ministres d'un dieu de paix ,
» nous ne pouvons point , lorsque ce dieu
» s'appaise , vouloir impitoyablement la mort
» du pécheur. Ce n'est point un lâche regret
» de notre fortune passée ; ministres d'un
» dieu pauvre, nous n'avions pas besoin d'une
» révolution , pour être convaincus que notre
» royaume n'est pas de ce monde. Pourquoi
» donc fuirions-nous notre patrie ? Serait-ce

» parce que la forme de son gouvernement a
» changé ? Mais outre que nous pensons, avec
» le grand Bossuet , que celui de qui relèvent
» tous les empires , les ôte et les donne à son
» gré , outre que les plus grandes lumières
» de l'Église ne se sont point éclipsées sous
» la domination payenne , qu'il est toujours
» possible de rendre à César ce qui appar-
» tient à César , sans rien dérober à Dieu
» de ce qui appartient à Dieu , et qu'enfin
» la religion chrétienne s'incorpore à toutes
» les formes de gouvernement , quel change-
» ment la puissance purement spirituelle de
» l'épiscopat a-t-elle éprouvé en France ? Ce
» sont les mêmes dogmes , le même culte ,
» les mêmes cérémonies , la même hiérar-
» chie , les mêmes lois en un mot , sanction-
» nées par le même chef visible qui préside
» la grande famille des vrais Croyants. Mais
» ne doit-on pas craindre le retour des prin-
» cipes désorganisateurs , le renouvellement
» des scènes sanglantes qui ont pu légitimer
» notre fuite ? Ah ! si l'expérience de dix ans
» de crimes permettait encore de concevoir
» de pareilles alarmes , si les leçons du mal-

» heur pouvaient s'oublier , ne serait-ce pas
» un motif de plus pour nous de venir conso-
» lider , par notre présence et par l'exemple
» de nos vertus , le rétablissement de l'ordre
» public qui a la religion pour base ? Les Apô-
» tres n'avaient pas tant de prévoyance. Tous
» les jours , un zèle , qui n'est pas commandé
» par le devoir , entraîne de pieux mission-
» naires aux extrémités du monde , à travers
» mille dangers , chez des peuples infidelles ,
» parmi des hordes sauvages , pour y porter
» une lumière nouvelle ; et nous , à la voix
» du Souverain Pontife , nous refuserions de
» retourner au sein de nos foyers , parmi nos
» frères , pour partager leur allégresse , et les
» aider à conserver le flambeau de la religion
» miraculeusement rallumé. Ah ! ne balan-
» çons plus , cédons au vœu de la patrie ,
» cédons au cri de nos consciences , cédons
» au besoin de faire encore des heureux » !

Déjà l'illustre exilé a quitté les bords de la
Tamise. Suivons-le aux rives de la Seine ;
voyons-le saluant avec transport ces contrées
si belles , même aux yeux de ceux qu'elles
n'ont point vus naître ; voyons-le par-tout

accueilli avec ce tendre empressement que
l'on témoigne à un ami que l'on ne croyait plus
revoir. Le premier magistrat de la république
le reçoit avec une bienveillance particulière :
Faut-il s'en étonner ? Restaurateur de la religion , il devait honorer un de ses plus respectables soutiens ; et s'il est vrai que , dans
l'école célèbre qui s'enorgueillit d'avoir eu
Napoléon pour élève , l'admirable discours
sur la bénédiction des drapeaux fut mis au
rang des ouvrages classiques , doit-on être
surpris que sa reconnaissance ait conservé un
tendre souvenir de l'orateur qui , en peignant
le héros chrétien , semblait avoir voulu lui
fournir un modèle (*a*).

Pour asseoir le bonheur public sur sa vraie
base , déjà la main puissante qui dirige nos
destinées avait rattaché les anneaux brisés de
la chaîne qui unit la terre au ciel ; déjà , sous
la double garantie du Souverain Pontife et du

(*a*) M. de Caraman, lisant ce morceau de l'art de
la guerre pour les dragons , s'écria, comme le grand
Condé au Sertorius de Corneille : « C'est juste. Quoi-
« que je ne l'eusse pas aussi bien dit, moi, je le savais
« aussi ; mais lui, d'où l'a-t-il su ? »

Chef suprême de la France, un pacte sacré (*a*),
fruit et symbole de l'union des cœurs , avait
irrévocablement fixé les droits respectifs de
l'Empire et du Sacerdoce ; la France ecclé-
siastique , divisée plus également , attendait
avec impatience l'élection de ses premiers
Pasteurs ; l'évêque de Lescar est nommé
évêque de Troyes. Habitans de l'Aube et de
l'Yonne ! il ne vous connaît point encore ; ne
vous offensez pas si le premier sentiment qu'il
éprouve est la pensée douloureuse qu'il va se
séparer pour jamais de son premier troupeau ;
ses regrets vous garantissent son amour ; il
serait ingrat , s'il pouvait oublier le Béarn ;
votre triomphe sera de l'en consoler.

Dès qu'il eut reçu l'investiture canonique
de sa nouvelle dignité , l'évêque de Troyes se
rendit au chef-lieu de son gouvernement spi-
rituel. Sa réputation l'avait devancé ; il paraît ;
son air noble , ses cheveux blancs , sa physio-
nomie tout-à-la-fois douce et imposante, tout
présage le bien qu'il veut faire. Il parle ; la
dignité , l'élégance soutenue , l'extrême con-
venance de tout ce qu'il dit étonnent ceux qui
ont le goût le plus difficile. Le premier magis-

(*a*) Le Concordat.

trat de l'Aube (a) retrouve dans son premier
pasteur l'aménité et les manières affables qui
l'ont rendu lui-même l'idole de son département, et jeune encore, il voit, avec un secret plaisir, que l'amabilité n'a point d'âge.
Toutes les Autorités s'empressent de le féli-
citer, ou plutôt se félicitent elles-mêmes ; il
leur répond avec bonté et toujours avec jus-
tesse : « Celui qui vous a fait général m'a
» nommé évêque, dit-il, au commandant de
» la force armée ; vous êtes bon chrétien, je
» serai bon citoyen ».

Toutes les bouches de la renommée ont cé-
lébré le discours qu'il prononça, au moment
de son installation, circonstance à jamais glorieuse pour lui, à jamais douloureuse pour
ceux qui n'ont eu, pour ainsi dire, que l'avant-
goût d'un talent qui promettait encore tant de
chefs-d'œuvre. Mais, je l'ai déjà dit, le chef-
d'œuvre d'un évêque est d'entretenir la paix
parmi les Fidelles confiés à ses soins. Les dé-
partemens de l'Aube et de l'Yonne n'étaient
pas exempts de ces dissentions religieuses,

(a) M. Bruslé.

8

trop souvent alimentées par ceux même qui
devraient ou les prévenir ou les éteindre. Là,
comme ailleurs, s'agitait l'esprit de parti ; la
conscience n'était pas une ; le culte était le
même, et les ministres étaient divisés ; on
supposait le schisme ; les cœurs les plus faits
pour s'aimer se haïssaient..... Mais l'ange de
paix a paru ; il n'a pas même eu besoin de
faire parler toute sa sagesse, de faire tonner
toute la force de son éloquence. Un sourire
lui avait gagné tous les cœurs : un mot de sa
bouche rallia tous les esprits, et sa douceur
seule a fait le miracle (a) ; et qui pourrait
résister à la douceur ? Elle paraît ; son aspect
charme et subjugue ; elle parle, et la persuasion vient habiter sur ses lèvres. Elle con-
seille, et l'on croit entendre la voix d'une
mère ; elle se plaint, et l'on reconnaît l'accent
d'un père qui veut jouer un instant, et qui
joue mal le rôle de la sévérité. Ah ! que d'autres emploient la rigueur, les menaces et les
foudres : on cède à l'autorité, mais c'est à la
douceur seule qu'on est fidelle.

_____

(a) Il fut toujours très-tolérant, sans être pour cela
tolérantiste.

Que ne devait-on pas attendre d'un prélat,
qui s'annonçait sous d'aussi heureux auspices ?
Mais hélas ! l'arbitre suprême des humaines,
destinées ne voulait que le montrer à sa nouvelle famille. A peine un mois s'était-il écoulé
qu'il ressentit les premières atteintes d'un mal
sans remède. Cet homme, que la maladie
avait toujours respecté, qui avait, pour ainsi
dire, acheté par soixante ans d'une vie sobre
et chaste, le privilège de ne point vieillir,
éprouva un affaiblissement progressif ; une
obstruction soudaine avait fermé tout passage
aux alimens, et le grand ressort de la vie
n'avait plus d'action. Je touche au moment
fatal qui va consterner tous les amis de la
vertu, et je n'ai point la force de parcourir le
douloureux intervalle qui nous en sépare encore. Quels détails la douleur me fait dérober
à l'admiration de ceux qui ne veulent rien
perdre d'une si belle vie ! Il n'est point en
effet de spectacle plus digne de notre intérêt
que celui du Sage chrétien étendu sur un lit
de douleurs, et qui attend avec une pieuse
résignation une mort lente et inévitable. Le
Sage que nous pleurons avait peint en traits

sublimes le soldat chrétien mourant au lit
d'honneur, mais combien il se montre plus
grand lui-même à ses derniers momens! Tout
déguise aux yeux du guerrier l'image affreuse
du trépas; l'espérance l'écarte; la gloire l'em-
bellit: il est frappé, mais c'est subitement,
mais c'est presque sans le sentir; il ne voit
que la victoire, et la mort l'atteint sans lui
laisser le tems de songer qu'il était mortel.
Mais voir à découvert cette mort, s'avançant
lentement vers sa victime; compter, pour
ainsi dire, ses pas; prendre de sa main hi-
deuse la coupe d'amertume; boire le trépas
goutte à goutte, et contempler, dans un loin-
tain fixe, les Portes de l'Éternité qui s'en-
trouvrent... voilà ce qui demande un courage
au-dessus du courage guerrier, un héroïsme,
une vertu presque surnaturelle, et voilà le
spectacle qu'a offert l'évêque de Troyes, dans
la longue et pénible lutte qu'il a soutenue, sans
murmurer. Il trouvait sa consolation dans les
témoignages constans du plus tendre intérêt.
Quels vœux sincères toute la ville formait
pour son rétablissement! Avec quel empressement on demandait, avec quelle impatience

on attendait de ses nouvelles ! C'était l'agitation inquiète , et les vives alarmes d'une famille tremblant pour les jours d'un père adoré. *Il est plus mal ! il est mieux !* on espérait... On n'espérait plus... Je me trompe , on espérait toujours : il fallait un miracle pour le sauver ; mais qui , mieux que lui , disait-on , a mérité ce miracle ? Hélas ! ses jours étaient comptés : lui - même sentait le terme fatal approcher. Déjà il s'était démis volontairement de l'administration diocésaine active et dispositive , pour n'y voter que comme conseil. C'est au moment où il avait intérieurement renoncé aux dignités de ce monde , qu'arrivait la nouvelle de sa promotion au cardinalat. Le Souverain Pontife avait cru acquitter la dette de l'Eglise , en honorant de la pourpre romaine un Prélat recommandable par tant de vertus et par tant de lumières. Mais hélas ! il n'honora que son ombre. Rien ne put retarder l'heure qui devait sonner son trépas , et donner aux fidelles de l'Aube et de l'Yonne le signal d'une désolation universelle. Je ne parlerai point des honneurs rendus à sa dé-

pouille mortelle. Que l'on se rappelle ceux
qui, trois mois auparavant, avaient été pro-
digués.à sa personne; que l'on en change seulement l'appareil ; que l'on mette le deuil à la
place de l'allégresse, et l'on aura une idée de
la pompe et de la magnificence de ses obsè-
ques (a).

Son ame céleste est donc enfin remontée à
sa source ; il est entré dans la patrie des justes
ce Pontife adoré, qui, à l'exemple de son
divin modèle, a passé sur la terre en y semant
des bienfaits ; ce digne rival de Chrysostôme
auquel il n'a manqué, pour atteindre à la réputation de nos plus grands Orateurs, que
des occasions plus fréquentes d'exercer son
talent (b). O vous, qui jouissez maintenant du

(a) Je ne puis taire une circonstance bien glorieuse
à sa mémoire, et qui prouve à quel point il fut
regretté. Le jour de ses funérailles coïncidant avec
le jour de la fête de la République, le Préfet de
l'Aube, libéral interprète du vœu de tous, arrêta,
pour épargner à la ville de Troyes le contraste d'un
deuil public et d'une allégresse générale, que la fête
serait remise à huitaine.

(b) Il existe une édition de ses Œuvres, dont le

prix de vos vertus et de vos longues souffran-
ces, si, de la sphère divine où vous brillez
d'un éclat incorruptible, il vous était permis
d'abaisser vos regards sur ce théâtre périss-
able où vous n'avez fait que préluder à votre
immortalité, peut-être éprouveriez-vous encore une émotion douce, en voyant les regrets honorables que vous y avez laissés; en
voyant deux troupeaux, que vous avez égal-
lement chéris, publier avec un orgueil égal,
les vertus de leur pasteur, et des rives de
l'Aube et de l'Yonne aux bords du Gave, les
gémissemens se répondre et les éloges se répéter ; en voyant le Chef Suprême des Français honorer publiquement votre mémoire,
chercher avec un généreux empressement
tous ceux qui portent votre nom, pour consoler, en quelque sorte, votre ombre, et se
dédommager lui-même du bien qu'il ne peut
plus vous faire, par celui qu'il fait à ceux que

---

public ne tardera pas à jouir : je ne crains point
de compromettre mon goût, en prédisant que ces
ouvrages deviendront classiques, et qu'après les
évêques de Meaux, de Nismes et de Clermont,
l'équitable postérité nommera l'évêque de Lescar.

vous avez aimés (*a*) : vous n'apprendriez pas avec indifférence que le troupeau, dont vous vous êtes séparé avec tant de peine, et dont vos derniers vœux ont demandé le bonheur, est maintenant confié à la vigilance paternelle d'un Prélat (*b*), jadis votre supérieur dans l'ordre hiérarchique, votre ami par le rapport des sentimens et des opinions, et aujourd'hui le digne émule de vos vertus, et l'héritier de vos pensées bienfaisantes : enfin, en entendant votre panégyriste, vous reconnaîtriez, avec quelque plaisir peut-être, une voix qui ne fut jamais vendue à la faveur ni au mensonge, que vous aimiez, parce qu'elle ne vous flattait point, et devant le dieu de vérité, votre modestie me pardonnerait un éloge qui n'est que votre histoire.

(*a*) Un des membres les plus respectables de cette illustre famille, est le ci-devant Chevalier de Noé, frère de l'Evêque de Troyes, vieillard septuagénaire qui, sans se plaindre et sans rien demander, supporte, en vrai philosophe, une existence qui n'est consolée que par ses souvenirs.

(*b*) M. de la Tour-du-Pin-Montauban, ex-archevêque d'Auch.

FIN

www.ingramcontent.com/pod-product-compliance
Lightning Source LLC
LaVergne TN
LVHW022120080426
835511LV00007B/934